경제 체력이 쑥쑥 자라는 어린이 돈 공부

나도 용돈으로 부자 될래요

용돈 벌기 편

민선(에코마마) 글 | 김이주 그림 | 박정호 감수

온더페이지
on the page

여러분! 만약 보물이 가득 숨어 있는 보물섬이 있다면 어떨까요? 그 보물섬에 찾아가서 보물을 캐고 싶지 않나요? 아니라고 대답하는 친구들은 별로 없을 것 같네요.

여기서 잠깐! 여러분에게만 알려 주는 비밀이 있어요. 사실 이 책에는 15개의 보물이 숨어 있답니다. 그 보물을 찾으려면 무엇이 필요할까요? 네, 바로 '보물 지도'가 필요합니다.

그런데 그 보물 지도는 배를 몰고 갈 선장님만 가지고 있답니다. 그 선장님이 누구냐고요? 바로 제가 그 선장입니다. 여러분은 이제부터 저를 "선장님"이라고 부르면 됩니다.

이제 선장님의 안내에 따라, 숨어 있는 보물을 하나씩 찾아볼 텐데요, 보물섬으로 출발하기 전에 선장님과 우선 세 가지 약속을 해야 해요.

서약서

1. 선장님의 안내에 따라 이 책 속의 보물을 스스로 찾겠습니다.
   → 엄마, 아빠가 시켜서 억지로 하는 건 NO
   → 엄마, 아빠에게 도움을 요청하는 건 OK

   확인했어요 ☐

2. 중간에 힘들다고 포기하지 않고 끝까지 선장님과 함께하겠습니다.

   확인했어요 ☐

3. 보물을 하나씩 찾을 때마다 맨 뒤쪽의 보물 지도에 표시하며 보물 지도를 완성하겠습니다.

   확인했어요 ☐

여러분, 기쁜 소식을 하나 알려 줄까요? 15개의 보물을 다 찾으면 부모님이 진짜 보물을 주실 거예요. 그런데 선물을 받으려면 먼저 해야 할 일이 있어요.

1. 가지고 싶은 물건이나 가고 싶은 곳을 부모님과 상의해서 여기에 적으세요.

   가지고 싶은 물건 또는 가고 싶은 곳: _____
   → 필요한 금액: _____
   → 부모님이 주실 금액: _____
   → 내가 모아야 할 금액: _____

2. 부모님도 승낙했다는 의미로 부모님의 사인도 꼭 받으세요. 나중에 엄마, 아빠가 잊어버렸다고 하실 수도 있으니까요.

   내 사인: _____   부모님 사인: _____

자, 이제 힘차게 보물을 찾으러 떠나 볼까요?

민선(에코마마) 선장님

부모님 가이드

'협상'이라고 하면 어렵게만 느껴지는데요, 아이가 받고 싶은 선물을 부모님에게 제안하고, 부모님과 조율하며, 부모님이 승낙하는 과정을 거치며 자연스럽게 협상하는 법을 배울 수 있답니다.

1. 이 책을 보는 아이가 주체적으로 경제를 이해하고 끝까지 해낼 수 있도록, 격려 차원에서 부모님이 아이에게 선물을 주도록 구성했습니다. 본문의 보물찾기 활동을 모두 완료하고, 이 책 맨 뒷장의 보물 지도에 표시했는지 확인한 후 아이에게 선물을 주세요.

2. 물건을 사 주기보다는 아이가 가고 싶어 하는 곳이나 체험하고 싶어 하는 곳에 같이 가 주세요.

3. 아이가 강력하게 원하는 물건이 있다면 15개 활동이 끝나고 선물을 주세요. 단, 물건 가격의 일부는 아이가 용돈을 모아 낼 수 있도록 지도해 주시고, 서약서에도 작성해 주세요.
(예: 레고 30,000원 중 부모님 25,000원, 아이 5,000원)

차례

머리말 4
부모님 가이드 7

1장 돈에 대해 알고 싶어요

○ 돈이 왜 중요한가요?
조개껍데기가 돈이었다고요? 14
돈이 왜 필요할까요? 돈이 소중한 이유 17

○ 아이스크림을 살 때 낸 돈은 어디로 가나요?
돈이 돌고 돈다고요? 24
경제 주인공 3인방 26
어린이도 경제 활동을 한다고요? 30

○ 돈에 대해 알려면 무엇을 해야 하나요?
돈에 그려져 있는 인물은 과연 누구일까요? 38
돈의 크기와 금액의 크기가 각각 달라요 43

○ 미국에서 우리나라 돈으로 장난감 살 수 있나요?
우리나라 돈으로 다른 나라 돈을 살 수 있어요 50
나라끼리 물건을 사고팔 수 있어요 56

부모님 가이드 62

 # 저도 돈 벌고 싶어요

돈 벌기 전에 먼저 해야 할 일이 있다고요?
꿈을 찾아가는 '꿈 보물 지도' 먼저 그리세요 … 68

돈 벌기, 어떻게 시작하나요?
집에서 다양하게 용돈을 벌 수 있는 홈 알바 … 78
용돈 받기 전에 꼭 해야 할 일 다섯 가지 … 86

저도 나가서 돈 벌고 싶어요
물건 판매해서 용돈 벌기 … 94
용돈도 벌고 상도 받는 방법 … 102

지금부터 재산을 만들 수 있나요?
좋은 습관이 재산이라고요? … 110
부자들이 매일 하는 습관 … 115

부모님 가이드 … 122
보물 지도 … 126

돈에 대해 알고 싶어요

돈이 왜 중요한가요?

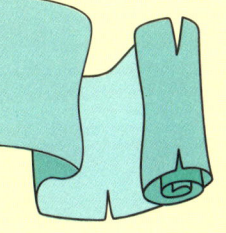
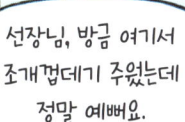

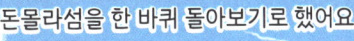

조개껍데기가
돈이었다고요?

아주 먼 옛날에는 지금 우리가 사용하는 동전이나 지폐가 없었대요. 그 당시에는 서로 필요한 물건을 바꿔 사용하는 '물물교환'을 했답니다.

그러다가 들고 다니기 편한 물품을 돈처럼 사용했어요. 어떤 물품을 돈처럼 사용했을까요? 바로 소금이나 조개껍데기, 동물 뼈 등을 사용했다고 해요.

물품은 아무래도 깨지거나 부서지기 쉽겠죠? 그래서 손상이 되지 않는 금속을 화폐로 사용하기 시작했어요.

그런데 금속화폐는 저마다 모양과 크기가 달랐어요. 그래서 금속을 일정하게 녹여서 모양이 똑같은 돈을 만들어 사용하게 되었대요. 여러분, '엽전'이라고 들어 봤나요? 그게 바로 금속을 녹여 만든 '주조화폐'입니다. 엽전 가운데에는 구멍이 있긴 하지만, 요즘 사용하는 동전과 비슷하죠?

금속화폐는 크기가 작지만 아무래도 무거워서 들고 다니기가 어려웠어요. 그래서 휴대하기 쉽고 보관하기도 쉬운 지폐도 만들어 사용하게 되었답니다.

　화폐가 점점 발달하면서, 지폐나 동전을 가지고 다니지 않아도 된답니다. 왜냐하면 신용카드를 사용할 수 있게 되었으니까요.

　그러다 컴퓨터나 휴대폰으로 거래할 수 있는 인터넷 뱅킹이 발달하게 되었죠. 이제 휴대폰 하나만 있다면 은행에 직접 가지 않아도 돈을 보내거나 받을 수 있어요. 그리고 매장에 직접 가지 않아도 휴대폰으로 언제 어디서든 물건을 살 수 있답니다.

　지금도 이렇게 손쉽게 결제할 수 있는데, 미래에는 어떤 돈을 사용하게 될까요? 한번 상상해 보세요.

만약 돈이 없다면 어떤 불편함을 겪게 될까요? 그 상황을 상상해 보고, 얼마나 불편할지 표정으로 그려 보세요.

★ 활동을 다 했으면 여기에 표시하고, 보물 지도에도 표시하세요. ⋯⋯⋯ ☐

돈이 왜 필요할까요?
돈이 소중한 이유

선장님이 돈몰라섬 주민들에게 돈으로 할 수 있는 일을 알려 줬는데요, 여러분도 궁금하지 않나요? 그럼 돈으로 무엇을 할 수 있는지 함께 알아볼까요?

① 살아가는 데 필요한 물건을 살 수 있어요

사람이 살아가는 데 기본적으로 필요한 것들에는 무엇이 있을까요? 잠자고 쉴 수 있는 집, 입을 옷, 먹을 음식입니다. 이 세 가지가 없다면 살아가기 힘들겠죠? 살아가는 데 꼭 필요한  물건뿐만 아니라 편리한 생활을 하는 데 필요한 물건도 돈이 있어야 살 수 있어요. 컴퓨터와 휴대폰, 자동차 같은 것들 말이죠.

② 꼭 필요한 서비스를 이용할 수 있어요

우리는 살아가면서 다양한 서비스를 받아야 해요. 서비스에는 어떤 것들이 있을까요? 친구랑 놀다가 넘어져서 이가 부러지면 치과에 가서 치료를 받아야 해요. 또 머리카락이 많이 길어 잘라야 할 때 미용실에 가야 하고, 텔레비전이 고장 났을 때 수리 기사를 불러야 하죠. 이런 서비스를 이용하려면 돈이 필요해요.

③ 새로운 것을 배우고 취미 활동도 할 수 있어요

학교 수업을 보충하거나, 새로운 운동이나 악기를 배우려면 돈이 필요해요. 예를 들어 영어 학원에 다니거나, 태권도, 피아노, 축구 등을 배울 때 말이죠. 또 어딘가를 여행할 때도 돈이 필요하답니다.

④ 미래를 위해 저축할 수 있어요

우리는 미래를 정확하게 알 수 없어요. 내일도 어떤 일이 일어날지 모르잖아요. 만약 휴대폰이 고장 나서 새로 사야 한다면, 또는

겨울에 보일러가 고장 나서 고쳐야 한다면 어떨까요? 큰돈이 필요하겠죠? 앞으로 무슨 일이 일어날지 모르니 미리 돈을 저축해 두면 큰돈이 필요할 때 사용할 수 있답니다.

⑤ 어려운 이웃을 도울 수 있어요

우리 주변을 둘러보면 도움이 필요한 이웃이 참 많아요. 어려운 이웃을 돕는 방법은 여러 가지가 있는데, 기부를 해서 도움을 줄 수도 있어요. 기부한 돈은 도움이 꼭 필요한 이웃에게 소중하게 전달된답니다.

보물찾기 활동

❶ 돈몰라섬 주민처럼 돈을 아무 데나 두면 안 되겠죠? 우리 집에 여기저기 흩어져 있는 동전을 찾아보세요. 그리고 얼마를 찾았는지 적어보세요.

_____ 원

그리고 여러분이 모은 동전을 용돈으로 써도 되는지 부모님께 여쭤보세요. 부모님이 승낙하셨다면, 그 돈을 어떤 용도로 사용할지도 생각해 보세요.

☐ 저금통에 넣는다.

☐ 가지고 싶은 물건을 산다.

☐ 이웃을 돕는 데 사용한다.

☐ 동생에게 간식을 사 준다.

☐ 기타: _____

❷ 돈으로 살 수 있는 게 많지만, 돈으로 살 수 없는 것도 있어요. 선장님은 '사랑'을 돈으로 살 수 없다고 생각해요. 부모님이 여러분을 안아 주고 뽀뽀하며 사랑한다고 표현해 주시는 건 값을 매길 수 없을 만큼 소중해요. 이처럼 '돈으로 살 수 없는 것'을 다음 단어들 중에서 골라 보세요.

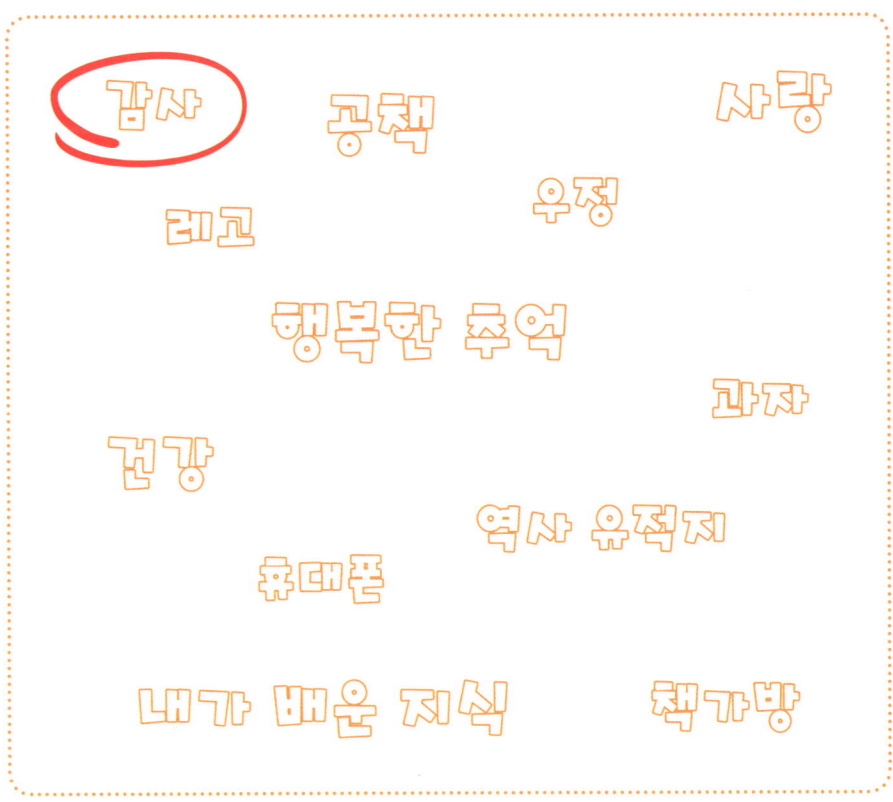

★ 활동을 다 했으면 여기에 표시하고, 보물 지도에도 표시하세요. ……… ☐

아이스크림을 살 때 낸 돈은 어디로 가나요?

돈이
돌고 돈다고요?

우리 몸의 피는 심장에서 나와서 몸 여기저기를 돌아다니며 산소와 영양분을 공급해요. 그런데 피가 우리 몸을 제대로 돌지 않는다면 어떻게 될까요? 그 자리에서 쓰러지거나 죽을 수도 있어요.

갑자기 왜 피 이야기를 했냐고요? 우리가 배우고 있는 '돈'도 우리 몸의 피처럼 돌고 돌기 때문이에요. 돈도 제대로 돌지 않으면 우리 집과 우리나라, 크게는 전 세계가 어려운 일에 빠질 수 있답니다.

돈도 선장님과 친구들처럼 여기저기 돌아다니며 여행을 하는데요, 돈이 어떻게 여행하는지 알아볼까요?

아빠가 한 달 동안 열심히 일해서 월급을 벌어 오시죠? 아빠는 월급날이라 기분이 좋은지 치킨을 시켜 주십니다. 월급 받은 돈으로 치킨 값을 내면, 그 돈은 치킨집 주인 아저씨에게 갑니다. 치킨집 아저씨는 치킨을 판매한 금액 중 일부를 나라에 세금으로 냅니다. 그 세금으로 나라에서는 우리 엄마가 내 동생을 낳고 키우는 데 사용하라고 돈을 줍니다.

아빠가 치킨을 사려고 낸 돈이 치킨집 주인 아저씨에게 갔다가 나라의 세금으로 쓰입니다. 동생이 태어나니 그 세금이 출산 지원금으로 다시 우리 집으로 돌아오게 되었죠.

이렇듯 돈은 한곳에 머물러 있지 않고 여행을 하듯 돌고 돕니다. 오늘은 내 돈이었지만, 내일은 친구의 돈이 될 수 있는 것이죠. 돈에 대해 조금씩 알아 가니 재밌지 않나요?

경제 주인공 3인방

여러분, 경제를 이끌어 가는 주인공 3인방이 있어요. 사실 돌고 도는 돈 이야기에서 이미 다 나왔답니다. 경제 주인공 3인방이 누구인지 맞혀 보세요.

① 첫 번째 경제 주인공: 정부(나라)

정부는 부모님이 내는 세금과 기업에서 내는 세금으로 경제를 이끌어 갑니다. 정부는 세금을 낸 국민이 편하게 생활할 수 있는 여러 방법을 고민하며 나라를 운영하고 있답니다.

② 두 번째 경제 주인공: 기업(회사)

쉽게 설명하자면 엄마, 아빠가 일하는 곳을 말해요. 기업은 상품을 만들어 팔거나

서비스를 제공해서 돈을 벌어요. 그리고 기업은 정부에 세금을 내고, 일한 사람들에게 월급을 준답니다.

③ 세 번째 경제 주인공: 가정(여러분)

경제를 이끌어 가는 마지막 주인공은 바로 여러분입니다. 부모님은 주로 회사를 다니거나 가게를 운영해서 돈을 벌어요. 그리고 가정에 필요한 식품비, 학원비, 병원비 등을 소비하죠. 여러분도 물건을 사는 경험을 하며 경제 활동을 하고 있으니 경제를 이끌어 가는 주인공이랍니다.

오늘 부모님께 "저도 경제를 이끌어 가는 주인공이에요"라고 말씀드리면 어떨까요? 부모님이 깜짝 놀라실 거예요.

보물찾기 활동

기업 찾기 게임

경제를 이끌어 가는 3인방인 정부, 기업, 가정에 대해 배웠는데요, 경제 주인공 중에서 '기업' 찾는 게임을 해 볼까요? 엄마나 아빠 혹은 형제, 자매가 있다면 같이 해 보세요!

1. 종이와 필기구를 준비하세요.
2. 시간은 10분에서 20분 사이로 정하고 시작하세요.
3. 집 안 여기저기서 기업 이름을 찾아서 적으세요.
4. 가장 많이 찾은 사람이 승리하는 게임이에요.

(부모님이나 형제, 자매와 함께한다면, 동생이 먼저 찾고 3분이나 5분 후에 시작해 주세요.)

힌트: 과자 봉지, 치약 등의 뒷면에 적힌 제조사, 책 표지에 있는 출판사 이름이 모두 기업 이름이랍니다.

번호	기업 이름	번호	기업 이름

★ 활동을 다 했으면 여기에 표시하고, 보물 지도에도 표시하세요. ☐

어린이도 경제 활동을 한다고요?

여러분, '경제'라는 말을 들어본 적 있나요? 경제라고 하면 왠지 어렵게 느껴지죠? 그런데 돈이 여행하는 이야기가 바로 경제랍니다. 너무 쉽다고요? 네, 경제는 어렵지 않아요.

생산 활동

세 가지
경제 활동

분배 활동

소비 활동

경제에는 세 가지 중요한 활동이 있어요.

① 생산 활동

첫 번째 경제 활동은 '생산 활동'이에요. 생산 활동은 생활에 필요한 것을 만들거나, 사람들의 생활이 편리하고 즐겁도록 서비스를 제공하는 것을 말해요. 부모님이 회사에 나가서 일하는 것, 의사가 병원에서 환자를 치료하는 것 모두 생산 활동에 속해요.

② 분배 활동

두 번째로 경제의 중요한 활동은 '분배 활동'이에요. '분배'라는 말 자체가 어렵죠? 분배는 '나누다'라는 뜻이에요. 아빠가 회사에서 일을 하니 회사가 돈을 벌겠죠? 그러면 회사가 번 돈 중에서 일부를 나눠 아빠에게 월급을 주는데, 그것을 분배 활동이라고 한답니다. 또 은행에 돈을 맡기고 받는 이자도 분배 활동에 포함되고요.

③ 소비 활동

마지막으로 경제의 중요한 활동은 '소비 활동'이에요. 경제 활동 세 가지 중 여러분이 가장 쉽다고 느낄 텐데요, 소비 활동은 치킨을 사 먹는 것, 문구점에서 공책을 사는 것, 미용실에서 머리를 자르는 것, 마트에서 음료수를 사는 것 등 여러분이 실생활에서 가장 많이 볼 수 있는 활동이랍니다.

여기서 잠깐! 선장님이 질문을 하나 할게요. 여러분은 과연 경제 활동을 하고 있을까요?

지금 당장 일터에 나가 일을 하고 급여를 받는 생산 활동과 분배 활동은 여러분이 참여하기는 쉽지 않아요. 그런데 만약 여러분이 오늘 아이스크림을 사 먹거나 문구점에서 연필을 샀다면 여러분도 경제 활동 중 소비 활동을 한 것이랍니다. 경제 활동은 어른만 하는 게 아니라 여러분도 할 수 있어요.

❶ 우리 생활 속 활동들을 살펴보고 각각 어떤 경제 활동에 해당하는지 알맞은 것을 연결하세요.

★ 활동을 다 했으면 여기에 표시하고, 보물 지도에도 표시하세요. ……… ☐

돈에 대해 알려면 무엇을 해야 하나요?

돈에 그려져 있는 인물은 과연 누구일까요?

여러분 중에 혹시 돈에 관심 없는 친구가 있나요? 그렇다면 직접 돈을 보고 관찰한 적이 없어서 그럴 수도 있어요. 동전과 지폐를 자세히 배운다면 돈에 대해 더 알고 싶어질 거예요.

우선 부모님께 10원, 50원, 100원, 500원 동전을 준비해 달라고 말씀드리세요. 그리고 1,000원, 5,000원, 10,000원, 50,000원 지폐도 준비해 달라고 말씀드려요. 우선 지폐부터 살펴볼게요.

혹시 좋아하는 위인이 있나요? 그중에 우리나라 위인도 있나요? 우리나라 동전과 지폐에는 우리나라 사람들이 좋아하는 위인이 그려져 있답니다. 어떤 인물들인지 같이 살펴볼게요.

① 1,000원권

1,000원 지폐를 꺼내 보세요. 1,000원권 앞면에 그려져 있는 위인이 누군지 아는 친구 있나요? 바로 조선시대의 훌륭한 학자인 퇴계 이황입니다.

② 5,000원권

자, 이제 5,000원권을 살펴볼게요. 5,000원권 앞면에는 1,000원권에 그려져 있는 퇴계 이황의 제자인 율곡 이이가 그려져 있어요. 율곡 이이는 어려서부터 대단히 총명해 3살 때 말을 배우면서 바로 글을 읽었다고 해요. 또 장원 급제를 한 번도 하기 어려운데, 아홉 번이나 해낸 조선시대 대표적인 천재 중 한 사람입니다.

③ 10,000원권

이제 10,000원권 앞면을 살펴볼게요. 지폐의 숫자가 4자리에서 5자리로 바뀌는데요, 10,000원권 앞면에는 우리나라 사람들이 가장 사랑하고 존경하는 세종대왕이 그려져 있어요. 세종대왕이 우리에게 준 선물이 있는데 무엇일까요? 바로 우리나라 글자인 한글입니다. 세종대왕 옆을 자세히 보면 최초의 한글 작품인『용비어천가』가 그려져 있어요. 지금 우리가 사용하는 한글과는 다른 모습이죠?

④ 50,000원권

마지막으로 50,000원권에는 어떤 위인이 그려져 있을까요? 지금까지의 위인은 남자였는데, 50,000원권에 그려진 위인은 여자네요. 네, 바로 신사임당이에요. 신사임당은 시와 그림으로 유명해요. 신사임당 바로 왼편에 있는 그림이 화초와 곤충을 그린 〈초충도〉인데, 이 그림에 재밌는 이야기가 담겨 있답니다. 신사임당이 이 그림을 얼마나 실감 나게 그렸는지 닭이 진짜 곤충인 줄 알고 그림을 쪼았다고 해요.

우리나라 돈을 이렇게 자세히 살펴보니 돈에 대해 더 알고 싶어지지 않나요? 돈에 숨어 있는 재밌는 이야기를 하나 더 해 줄게요.

돈까까섬에 동전을 깎아서 파는 도둑이 있다고 했죠? 동전을 깎는다면 동전의 크기가 다 다를 수밖에 없어요. 영국에서 실제로 그런 일이 있었답니다. 17~18세기경 영국에서 금과 은으로 동전을 만들었기 때문에 사람들은 동전을 깎기 시작했어요. 깎아낸 부분을 팔아 이득을 챙기기 위해서 말이죠. 그러다 멀쩡한 금화나 은화가 없어지자, 더 이상 동전을 훼손하지 못하도록 동전 옆쪽에 빗금을 치게 되었죠. 지금 동전을 꺼내 빗금이 있는지 확인해 보세요. 그런데 10원 동전에는 빗금이 없어요. 10원 동전은 손상시키거나 가짜 돈으로 만들 가능성이 적기 때문에 빗금이 없답니다.

이번 활동은 동전 그리기입니다. 동전을 보며 직접 그리기는 쉽지 않겠죠? 그래서 동전을 쉽고 재밌게 그리는 방법을 알려 줄게요.

★ 준비물: 동전, 색연필

1. 가족 중 1명에게 동전 중에 하나를 골라 아래 동그라미 뒷면에 숨겨 달라고 하세요.
2. 어떤 동전인지 궁금하죠? 이제 색연필로 쓱쓱 문질러 보세요.

★ 활동을 다 했으면 여기에 표시하고, 보물 지도에도 표시하세요. ……… ☐

돈의 크기와
금액의 크기가 각각 달라요

여러분, 지폐의 크기는 모두 같을까요, 다를까요? 지폐를 꺼내서 한번 겹쳐 보세요. 어떤 지폐가 가장 짧고, 어떤 지폐가 가장 긴지 발견했나요? 길이가 가장 짧은 지폐는 1,000원권이고, 가장 긴 지폐는 50,000원권이에요. 금액이 클수록 지폐의 길이도 길어진답니다.

동전도 금액이 클수록 크기가 클까요? 10원, 50원, 100원, 500원 동전을 비교해 보면 10원의 크기가 가장 작고, 500원의 크기가 가

장 큽니다. 그런데 10원 동전의 크기가 작은 것도 있고, 큰 것도 있다고요? 네, 예전에 만든 10원 동전은 50원 동전보다 컸어요. 그런데 지금 만드는 동전은 10원 동전이 50원 동전보다 작아요.

10원   50원   100원   500원

지금까지 동전의 실제 크기를 비교해 봤다면 이번에는 금액의 크기를 비교해 볼게요.

여러분, 지폐의 개수가 많다고 돈이 더 많은 걸까요? 만약 왼손에 1,000원 지폐 6장이 있고, 오른손에 5,000원 지폐 2장이 있다면 어느 쪽 돈이 더 많은 걸까요? 수학 문제 푸는 것 같다고요? 돈과 숫자는 떼려야 뗄 수 없는 관계니까요. 하지만 선장님이 쉽게 가르쳐 줄 테니 눈 크게 뜨고 따라오세요.

1,000원 지폐 5장이면 5,000원 지폐 1장과 금액이 같아요.

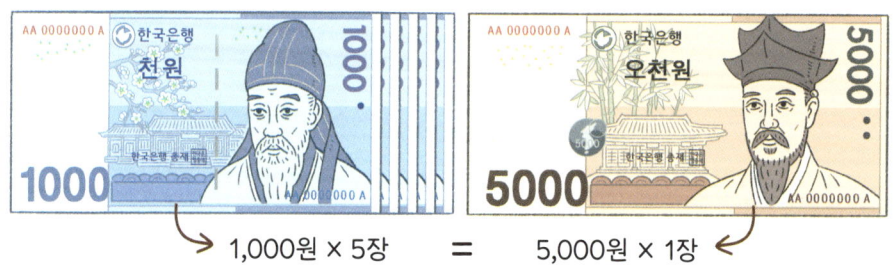

1,000원 × 5장 = 5,000원 × 1장

그럼 1,000원 지폐 10장은 어떤 지폐와 금액이 같을까요? 1,000원 지폐 10장은 10,000원 지폐 1장과 금액이 같아요.

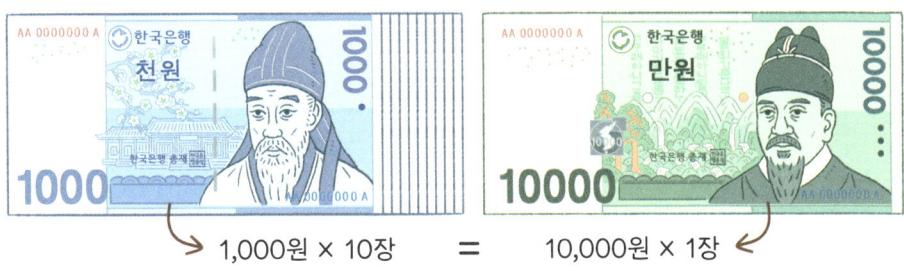

이번에는 10,000원을 다르게 조합해 볼까요? 5,000원 지폐 2장이면 10,000원이 됩니다.

동전 가지고도 다양하게 조합해 보세요. 100원, 500원을 이용해 1,000원을 만들어 보세요. 이렇게 돈을 다루다 보면 여러분이 물건을 사고 거스름돈을 받을 때 정확한 금액을 거슬러 받았는지 제대로 확인할 수 있답니다.

지폐에는 가짜 돈을 만들지 못하도록 여러 비밀 장치가 숨어 있답니다. 요즘도 가짜 돈을 만드는 사람들이 있어서 비밀 장치는 점점 늘어나고 있어요. 그렇다면 10,000원 지폐에는 어떤 비밀이 숨어 있는지 찾아볼까요?

❶ 빛에 비춰 숨어 있는 세종대왕 얼굴을 찾아보세요. 이번 문제는 꽤 쉽죠?

❷ 홀로그램에서 우리나라 지도, 숫자 10,000, 4괘 세 가지를 모두 찾아보세요. 지폐를 요리조리 움직이다 보면 3개 모두 보일 거예요.

❸ 10,000원 지폐에는 우리나라 국기에 있는 태극 무늬가 숨어 있답니다. 찾기 어렵다고요? 지폐를 빛에 비춰 보면 앞면과 뒷면의 무늬가 합쳐져 완성된 태극 무늬를 볼 수 있어요. 신기하죠?

앞면　　　　　뒷면　　　　태극 무늬

(출처: 한국은행)

★ 활동을 다 했으면 여기에 표시하고, 보물 지도에도 표시하세요. ……… □

미국에서 우리나라 돈으로 장난감 살 수 있나요?

우리나라 돈으로
다른 나라 돈을 살 수 있어요

여러분은 해외로 여행을 가 본 적 있나요? 다른 나라로 여행 가기 전에 꼭 해야 할 일이 있는데요, 그건 바로 그 나라에서 쓸 돈을 미리 바꾸는 거예요. 만약 영국으로 간다면 우리나라 돈을 영국 돈인 '파운드(pound)'로 교환해야 하죠. 여러분은 어디로 여행을 가고 싶은가요? 지금부터 세계 여러 나라의 돈을 알아볼게요.

우선 미국으로 가 볼게요. 미국은 달러를 사용합니다. 나라마다 화폐가 다른데요, 나라끼리 돈을 거래할 때는 주로 미국 달러를 사용해요. 그래서 미국 달러는 미국의 화폐이기도 하지만 전 세계 화폐의 기준이 된답니다.

나라별로 돈을 나타낼 때 숫자 앞에 특정한 기호를 붙이는데요, 이것을 '통화 기호'라고 합니다.

우리나라는 '원' 표시로 '₩'를 붙입니다. 집에 통장이 있다면 한번 펼쳐 보세요. 액수 앞에 이 통화 기호가 붙어 있는 걸 확인할 수 있어요.

재밌는 사실을 하나 알려 줄까요? 대한민국과 북한의 '원', 일본의 '엔', 중국의 '위안'은 모두 한자 '원(圓)'의 '둥글다'라는 뜻에서 유래했답니다.

대한민국	북한	일본	중국
원, ₩	원, ₩	엔, 円이나 ¥	위안, ¥

미국은 지폐를 '달러($)'로 나타내요. 그리고 동전은 '센트(¢)'라는 단위를 사용해요. 우리나라는 동전도 지폐와 같은 단위인 '원'을 사용하는데 말이죠.

유럽의 네덜란드, 독일, 프랑스, 이탈리아 등 많은 나라가 '유로(€)'를 사용해요. 그래서 독일을 여행하다가 프랑스에 가도 돈을 바꿀 필요 없이 유로를 사용하면 된답니다. 아주 편리하겠죠?

미국	유럽의 많은 나라	영국	덴마크
달러, $ 센트, ¢	유로, €	파운드, £	크로네, kr

① 숫자가 크다고 비싼 돈이 아니에요

다른 나라 지폐의 숫자를 보면 1, 5, 50, 100 이렇게 적혀 있어요. 우리나라에는 10,000원, 50,000원도 있는데, 우리나라 지폐의 숫자가 크니 우리나라 돈이 더 비싼 걸까요?

　아프리카에 있는 나라 짐바브웨에는 100조 달러가 있어요. 지폐에 0이 무려 14개나 있답니다. 짐바브웨 100조 달러와 우리나라 돈 10,000원 중 어떤 돈이 더 클까요? 놀랍게도 이 100조 달러로는 짐바브웨에서 달걀 3개밖에 못 산다고 합니다. 우리나라 돈으로 400원 정도의 가치밖에 안 되는 것이죠.

② 환율에 맞춰 다른 나라 돈을 살 수 있어요

　어떻게 우리나라 돈으로 미국 달러를 살 수 있을까요? 미국 돈 1달러를 사려면 약 1,200원, 일본 돈 1엔을 사려면 약 1,000원, 중국 돈 1위안을 사려면 약 180원을 내야 해요.

　이처럼 자기 나라 돈과 다른 나라의 돈을 바꿀 때는 금액이 어느 정도 정해져 있는데, 이것을 경제 용어로 '환율'이라고 해요. 환율은

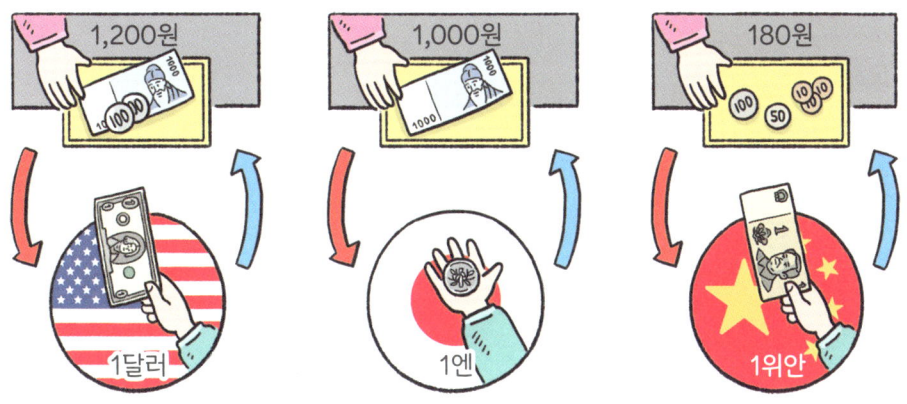

경제 상황에 따라 그네처럼 올라가기도 하고 내려가기도 한답니다. 오늘은 미국 달러가 1,200원이었는데, 내일은 1,250원이 될 수 있고, 1,120원이 될 수도 있어요.

사고파라섬에서 준성이는 장난감을 3,000원에 팔려고 했는데, 제임스가 3달러를 줬잖아요. 1달러가 1,200원이라면 3달러를 줬으니 제임스가 3,600원을 준 셈이죠. 그럼 준성이가 600원을 더 받았으니 화낼 일이 아니었네요.

세계 화폐에 대해 알아봤습니다. 국기를 보고 해당되는 지폐 그림과 화폐 단위를 찾아가 보세요.

미국

일본

중국

프랑스

★ 활동을 다 했으면 여기에 표시하고, 보물 지도에도 표시하세요. ……… ☐

나라끼리 물건을 사고팔 수 있어요

우리나라 돈으로 다른 나라 돈을 살 수 있듯이, 물건도 마찬가지랍니다. 우리나라 물건을 다른 나라에 팔 수 있고, 다른 나라 물건을 살 수도 있어요. 이것을 '무역'이라고 해요. 우리나라에서 잘 만드는 물건이나 많이 생산되는 물건을 다른 나라에 파는 것을 '수출'이라고 해요. 반대로 우리나라에 없거나 다른 나라에서 잘 만드는 물건을 사 오는 것을 '수입'이라고 합니다.

외국과의 무역은 언제부터 했을까요? 무역은 아주 먼 옛날부터 시작되었어요. 삼국시대에도 중국, 일본 등과 무역을 했답니다. 고려시대에는 멀리 아라비아 상인들과도 무역을 했고요. 아라비아 상인들이 또다시 무역으로 고려의 물건을 서양에 전했어요. 그때 '고려'라는 단어를 제대로 발음하기 힘들어 고려를 '코리아(Korea)'라고 불렀다고 해요. 바로 고려시대부터 우리나라가 '코리아'라고 외국에 알려지게 된 것이죠. 코리아를 빨리 여러 번 반복해서 말하면 고려와 비슷한 발음이 됩니다. 여러분도 한번 해 보세요.

그렇다면 우리나라는 어떤 물건을 다른 나라에 수출하고 있을까요? 우리나라는 세계 최고 수준의 반도체를 수출하는데, 이 반도체는 많은 전자 제품에 들어가요. 그래서 우리나라는 휴대폰과 텔레비전 등 전자 제품도 잘 만들어서 다른 나라로 수출하고 있어요. 또 우리나라의 자동차는 세계적으로 유명하고, 배도 잘 만들어 여러 나라에 판매하고 있답니다. 우리나라는 주로 중국, 미국, 베트남, 홍콩 등에 수출하고 있어요. 이처럼 우리나라는 천연자원이 부족해서 우수한 기술력으로 만든 제품을 주로 수출해요.

우리나라가 외국에서 사 오는 물건도 알아볼까요? 우리나라는 천연자원이 부족한 나라라서 주로 석유, 천연가스, 석탄 등을 수입하고 있어요. 주로 중국, 미국, 일본, 호주, 사우디아라비아 등에서 수입하고 있고요.

그렇다면 무역을 하면 어떤 점이 좋을까요? 우리나라는 다른 나라에 물건을 팔아 돈을 벌 수 있어 좋고요. 더 좋은 물건을 팔기 위해 노력하기 때문에 기술도 발전할 수 있어요. 그리고 다른 나라 물건을 사 오면 가격이 저렴하고, 우리나라에 없는 물건을 사용할 수 있어 생활이 편리해진답니다.

나라별로 수입하고 수출하는 물건이 달라요. 우리나라가 다른 나라로 파는 물건은 파란 화살표로, 다른 나라에서 사 오는 물건은 빨간 화살표로 표시해 보세요.

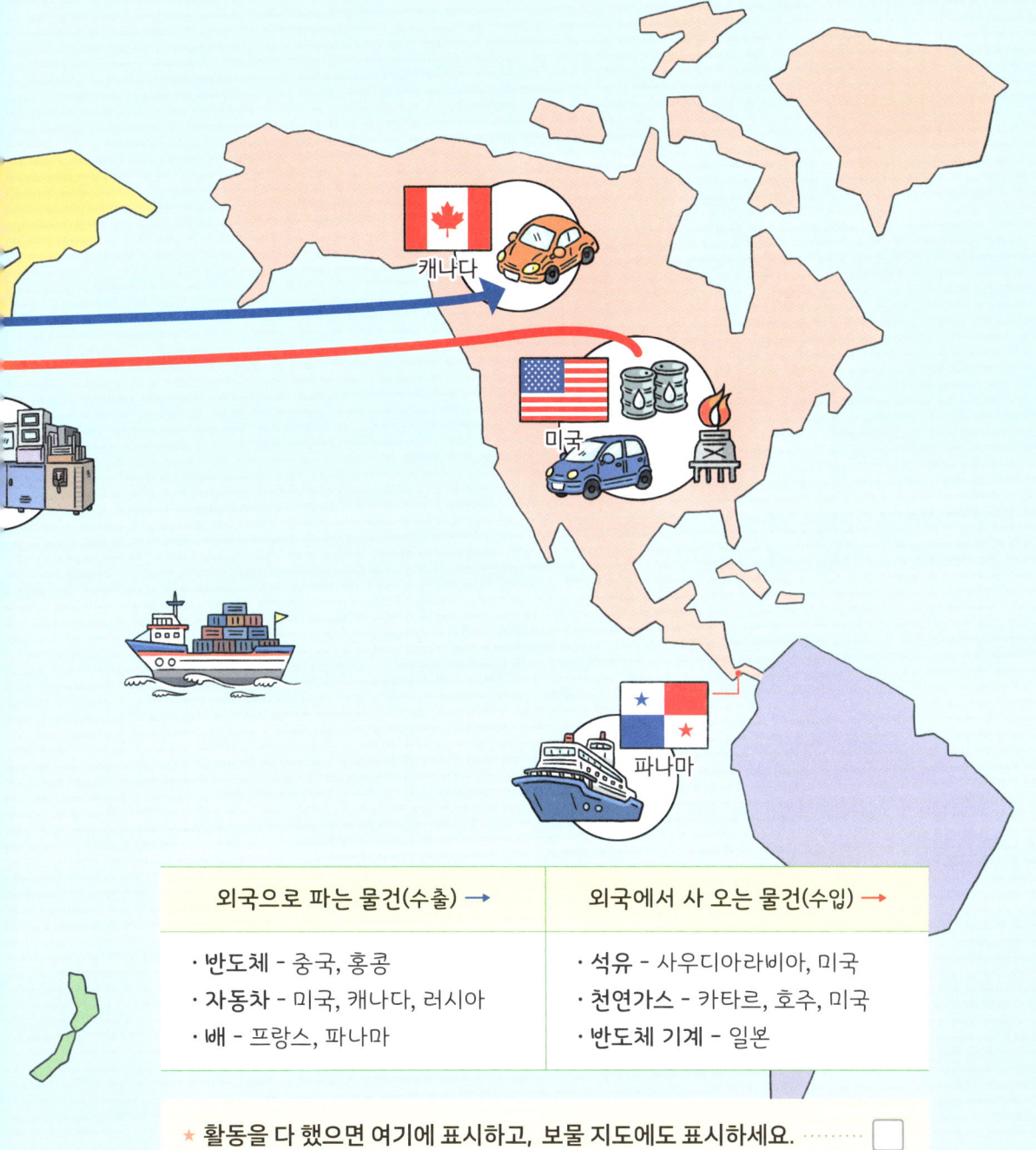

외국으로 파는 물건(수출) →	외국에서 사 오는 물건(수입) →
• **반도체** - 중국, 홍콩 • **자동차** - 미국, 캐나다, 러시아 • **배** - 프랑스, 파나마	• **석유** - 사우디아라비아, 미국 • **천연가스** - 카타르, 호주, 미국 • **반도체 기계** - 일본

★ 활동을 다 했으면 여기에 표시하고, 보물 지도에도 표시하세요. ☐

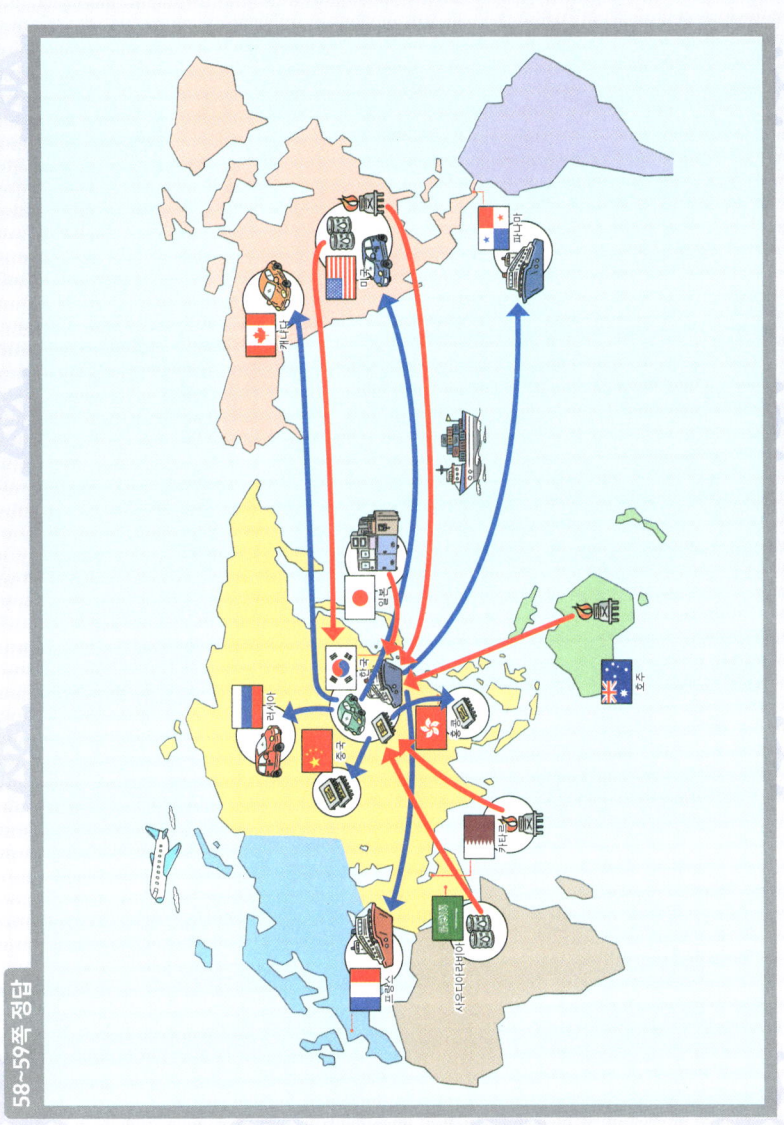

💰 돈 소중하게 다루기

아이가 돈으로 할 수 있는 것, 즉 돈이 소중한 이유를 가장 먼저 배웠는데요, 아이는 부모님의 뒷모습을 보고 자란다고 하죠? 만약 부모님이 50원, 100원도 작은 돈이지만 소중하게 다루는 모습을 본다면, 아이도 그 모습을 자연스럽게 배울 것입니다. 따라서 동전이나 지폐를 집 안에 함부로 두지 마시고, 소중히 보관하는 모습을 보여 주세요.

만약 집에 굴러다니는 돈이 있다면 이제부터는 아이가 모으게 될 것입니다. 제가 미션을 줬거든요. 집 안에 굴러다니는 돈을 아이가 잘 보관했다면, 그 돈은 용돈으로 주세요.

💰 화폐박물관 견학하기

공자는 "들은 것은 잊어버리고, 본 것은 기억하고, 직접 경험한 것은 이해한다"라고 했습니다. 화폐, 환율, 무역 등에 대해 배웠는데요, 공자의 말처럼 아이가 직접 경험하며 이해할 수 있게 도와주면 어떨까요?

아이가 우리나라 화폐뿐만 아니라 다른 나라 화폐도 직접 보고, 여러 가지 활동을 체험할 수 있는 화폐박물관 견학을 추천합니다.

● **한국은행 화폐박물관(서울)**

▶ bok.or.kr/museum

- 관람 시간: 오전 10시~오후 5시
- 휴관일: 매주 월요일(명절 연휴 및 근로자의 날 등)
- 입장료: 무료(개인 관람 시 주말 및 휴일은 예약 필수)

<mark>Tip 1:</mark> 홈페이지나 앱에서 박물관에 어떤 전시물이 있는지 보고 가면 아이가 더욱 집중해서 관람할 수 있습니다. 'BOK 화폐박물관' 앱으로 전시 해설을 들을 수 있으니, 미리 다운받고 방문하세요.

<mark>Tip 2:</mark> 한국은행에서 운영하는 화폐전시실은 각 지역본부에서도 운영하고 있습니다. 한국은행 홈페이지 왼쪽 상단에서 '지역본부'를 클릭해 해당 지역본부의 상세 정보를 확인하고 방문하세요.

● **한국조폐공사 화폐박물관(대전)**

▶ museum.komsco.com

- 관람 시간: 오전 10시~오후 5시
- 휴관일: 매주 월요일(명절 연휴 및 정부 지정 임시 공휴일)
- 입장료: 무료

저도 돈 벌고 싶어요

돈 벌기 전에 먼저 해야 할 일이 있다고요?

꿈을 찾아가는
'꿈 보물 지도' 먼저 그리세요

여러분, 보물 지도가 없다면 이리저리 헤매느라 보물을 찾는 데 시간이 오래 걸리겠죠? 보물 지도에 가야 하는 목적지와 방향이 있듯이, 우리 삶에도 '꿈'이라는 목표가 있어야 해요. 선장님이 요즘 친구들에게 꿈을 물어보면 '부자'라고 대답하는 친구가 많은데요, 여러분은 어떤가요? 부자가 되더라도 나만의 꿈을 가진 행복한 부자가 되어야겠죠?

어느 날 선장님 수업을 들으러 온 한 친구가 선장님에게 물었어요.

"집에서 용돈을 벌고 있는데, 왜 돈을 모아야 하는지 모르겠어요."

꿈은 우리 삶의 나침반과도 같아요. 그런데 꿈이 없다면 어디로 가야 할지 모르고 방황할 거예요. 돈을 벌고 모으는 것도 마찬가지예요. 여러분의 꿈을 이루려면 돈을 모아야 하는데, 꿈이 없이 돈만 무작정 모으다 보면 어느 순간 저 친구처럼 질문할 수 있어요.

그래서 용돈 벌기를 시작하기 전에, 꿈이 무엇인지 생각해 보고 '꿈 보물 지도'를 만들 거예요. 부모님과 상의하며 차근차근 만들어 보면 좋겠어요. 꿈 보물 지도는 3단계에 걸쳐 완성하는데요, 우선 선장님이 단계별로 설명하고, 여러분이 '보물찾기 활동'에 직접 적어 볼게요.

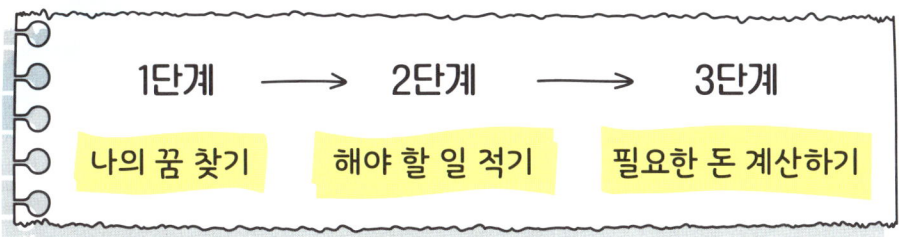

여러분의 꿈 보물 지도를 만들 준비가 되었나요? 그럼 1단계부터 시작해 봐요!

① 1단계: 나의 꿈 찾기

사실 선장님은 어렸을 때 딱히 좋아하거나 잘하는 게 없었어요. 별다른 꿈이 없던 것이죠. 그래서 어른이 되어 15년이나 회사를 다녔지만, 일을 하며 즐겁지도 보람차지도 않았어요. 회사를 다닌 이유는 매달 받는 월급 때문이었죠. 월급만 아니었다면 회사를 다니고 싶은 마음은 없었을 거예요.

그런데 지금은 어떻게 작가가 되었냐고요? 선장님이 회사를 그만두고 발견한 보물이 있는데요, 그게 바로 글쓰기였어요. 선장님은 40살이 되어서야 글쓰기를 좋아한다는 사실을 알게 되었어요.

만약 선장님이 글쓰기를 좋아한다는 것을 일찍 알았다면 '일을 재미있게 즐기며 좀 더 행복하지 않았을까'라는 상상을 했어요.

여러분은 어떤 꿈이 있나요? 아직 꿈이 없다고요? 그렇다고 실망하기는 아직 일러요. 여러분은 아직 꿈을 찾아가는 중이니까요. 만약 지금 꿈을 찾았다고 해도 나중에 여러 번 바뀔 수 있어요.

아직 꿈이 없다면 여러분이 '좋아하는 것'과 '잘하는 것'을 꿈 보물 지도를 만들면서 생각해 보세요. 아주 대단한 게 아니어도 좋아요. 좋아하는 것과 잘하는 것도 잘 모르겠다고요? 그러면 엄마, 아빠가 시키지 않아도 스스로 하는 일이 있나요? 예를 들어 그림 그리기, 레고 만들기 같은 것들 말이죠. 아주 사소한 것이라도 여러분이 잘하거나 좋아하는 것에서 꿈을 찾을 수 있어요.

② 2단계: 꿈을 이루기 위해 지금 해야 할 일 적기

꿈을 찾았다면 이제 그 꿈을 향해 한 걸음 다가가 볼까요? 꿈을 이루기 위해 지금 해야 할 일을 생각해 보는 거예요. 꿈이 아주 멀리 있는 것 같지만, 지금부터 차곡차곡 할 일을 해 나가다 보면 꿈에 조금 더 빨리 다가갈 수 있을 거예요.

만약 과학자가 꿈이라면 과학 관련 책을 읽거나 과학관에 방문하는 등 지금 할 수 있는 일을 찾아보는 것이죠. 그리고 학교 공부도 꿈을 이루기 위해 필요한 과정이니 할 일 목록에 넣어야겠죠?

③ 3단계: 꿈을 이루는 데 필요한 돈 계산하기

　부모님이 힘들게 일해서 번 돈으로 여러분의 학원비를 내 주시고, 여러분이 먹고 싶은 음식을 사 주시고, 여러분이 가고 싶은 곳에도 데려가시는데요, 여러분은 학원비가 얼마나 드는지, 여러분의 옷과 신발을 사는 데 얼마나 드는지 알고 있나요?

　3단계는 여러분이 학원이나 학습지 등 공부하는 데 필요한 비용, 꿈을 이루기 위해 추가적으로 더 배우거나 구매할 것을 생각해 보는 단계입니다. 여러분 혼자 하기는 어려울 거예요. 부모님과 상의하며 함께 계산해 봐요. 그러면 생각보다 많은 돈이 필요하다는 사실을 깨닫게 될 거예요.

　1단계부터 3단계까지 모두 마쳤다면, 꿈과 관련된 사진도 붙여 보세요. 그리고 방문이나 책상 앞처럼 눈에 잘 띄는 곳에 붙여 두세요.

예시

나의 꿈: 무기 개발 전문가

날짜: 2023년 9월 29일

1. 좋아하고 잘하는 것
   - **좋아하는 것**: 레고 조립, 전쟁 책과 영상 보기, 게임
   - **잘하는 것**: 역사, 총소리 비슷하게 내기

2. 꿈을 이루기 위해 지금 해야 할 일
   - 수학, 과학 열심히 배우기
   - 역사박물관 관람
   - 역사 책 읽기
   - 영어 공부하기

3. 꿈을 이루는 데 필요한 돈

- **현재 내가 가지고 있는 돈**: 530,000원(통장에 500,000원 + 지갑에 30,000원)
- **매달 필요한 돈**: 영어 학원 200,000원 + 책 3권 50,000원 + 체험(박물관 등) 60,000원 = 310,000원
- **1년 동안 필요한 돈**: 310,000원 × 12개월 = 3,720,000원

4. 꿈과 관련된 사진

예시를 참고해서 꿈 보물 지도를 부모님과 함께 만들어 보세요. 뒷장에 꿈 보물 지도를 완성했다면, 눈에 띄는 곳에 붙여 두세요. 그리고 1년에 한 번씩 업데이트해 보세요.

나의 꿈:

날짜: 년   월   일

1. 좋아하고 잘하는 것
   - 좋아하는 것:
   - 잘하는 것:

2. 꿈을 이루기 위해 지금 해야 할 일
   -
   -
   -
   -

3. 꿈을 이루는 데 필요한 돈
   - 현재 내가 가지고 있는 돈: 원
   - 매달 필요한 돈:
   - 1년 동안 필요한 돈: 원 × 12개월 =   원

4. 꿈과 관련된 사진

사진 1: 되고 싶은 사람

사진 2: 가고 싶은 곳

★ 활동을 다 했으면 여기에 표시하고, 보물 지도에도 표시하세요. ☐

돈 벌기, 어떻게 시작하나요?

집에서 다양하게 용돈을 벌 수 있는 홈 알바

여러분, 학교 수업을 마치고 돌아오는 길에 아이스크림을 사 먹거나 문구점에서 뽑기를 하고 싶은 적 있나요? 또는 어려운 이웃을 도와주고 싶은 마음이 든 적 있나요? 그런데 돈이 없었다고요? 선장님이 집에서도 돈을 벌 수 있다고 이야기했죠? 여러 방법이 있으니 하나씩 함께 살펴봐요.

① 집안일로 용돈 벌기(집안일 알바)

엄마가 저녁을 준비하시면, 아빠는 설거지를 하시고, 주말에는 밀린 빨래와 청소를 하시죠? 힘들게 일하시고 집안일까지 하시는 부모님을 위해 여러분이 할 수 있는 집안일을 찾아보세요. 그 집안일은 이제 여러분이 맡아서 매주 하는 거예요. 그런데 집안일 하는 걸 잊어버리거나 도와드린다고 해 놓고 약속을 못 지킬 때가 있어요.

선장님이 꾸준히 집안일 할 수 있는 방법을 알려 줄게요. 바로 여러분이 부모님과 상의해서 집안일을 하고 용돈을 받는 거예요.

아래에 여러분이 할 수 있는 집안일을 정리해 놨어요. 어떤 일을 할 수 있는지 골라 보세요.

- 구두 닦기
- 신발 정리
- 화장실 청소
- 청소기로 거실과 방 청소
- 창문과 거울 닦기
- 세탁기 돌리기
- 빨래 널기
- 빨래 개기
- 실내화 빨기
- 반려동물 산책시키기

부모님이 하시는 집안일을 이렇게 적어 보니 정말 많죠? 여러분이 직접 집안일을 해 보면 귀찮고 하기 싫을 때가 있을 거예요. 그런데 부모님은 어떤 대가도 받지 않고 우리를 위해 매일 수고해 주십니다. 오늘은 부모님께 감사한 마음을 전해 보면 어떨까요?

② 재능으로 용돈 벌기(재능 알바)

여러분은 지금 시기에 꿈을 찾아가는 게 무엇보다 중요해요. 돈을 내고 체험관에 가서 직업 체험을 할 수도 있지만, 집에서도 직업 체험을 할 수 있답니다. 용돈도 벌 수 있고요. 어떤 일을 체험할 수 있는지 궁금한가요?

● **선생님 되어 용돈 벌기**

여러분이 배운 내용을 부모님이나 형제, 자매에게 설명해 주는 거예요. 학교에서 배운 내용, 매일 푸는 학습지, 학원 교재를 활용하면 된답니다. 누군가에게 설명하려면 여러분이 그 내용을 잘 알아야겠죠? 그래서 선생님 체험은 여러분 스스로에게도 도움이 된답니다. 또 설명하면서 조리 있게 말하는 능력도 자연스럽게 키워질 테고요. 배운 내용으로 시험 문제도 한번 만들어 보세요. 학교 선생님처럼 말이죠.

● **과외 선생님 되어 용돈 벌기**

만약 여러분에게 동생이 있다면 동생에게 필요한 과목을 가르쳐 주는 거예요. 선생님 체험 때는 여러분이 배운 내용을 중심으로 설명해 줬다면, 과외 선생님이 되어서는 한 과목을 동생 수준에 맞게 가르쳐 주는 거예요. 여러분이 가르쳐서 동생의 실력이 늘었다면, 부모님께 보너스도 요청할 수 있겠죠?

● **작가 되어 용돈 벌기**

작가는 시를 쓰거나, 만화를 그리거나, 소설을 쓸 수 있어요. 여러분도 작가가 될 수 있답니다. 어려울 것 같다고요? 아니에요. 우선 빈 공책에 좋아하는 분야의 글을 써 보세요. 그런데 글로만 공책 1권을 다 채우기는 쉽지 않겠죠? 그렇다면 그림을 그리거나 만화 형식으로도 채워 보세요. 또 어떤 내용을 쓸지 모르겠다면 유튜브나 책을 참고하세요. 공책을 다 채우려면 시간이 꽤 걸릴 거예요.

그래도 이 세상에 하나밖에 없는 책을 만들면 보람도 있고, 용돈도 받을 수 있답니다. 책을 판매하기 싫다면 빌려주고 대여료를 받을 수도 있어요. 실제로 선장님 아들도 역사 책을 직접 만들어서 선장님이 용돈을 줬답니다.

● **예술가 되어 용돈 벌기**

피아노를 배운다면 피아노 연주곡 하나를 골라 연습한 후 연주회를 열어 보세요. 미술을 배운다면 미술 작품을 그려서 방이나 거실에 전시회를 열어 보세요. 사진 찍기를 좋아한다면 사진 전시회도 열어 보세요. 가족에게 입장권을 판매하면 용돈 벌 수 있겠죠?

● **낭독가 되어 용돈 벌기**

조선시대에 사람들에게 소설을 읽어 주는 직업이 있었는데요, 이런 사람을 '전기수'라고 불렀어요. 전기수는 사람이 많이 모이는 곳에 자리를 잡고 당시 유행하는 소설을 읽어 줬어요. 그러다 흥미로운 대목이 나오면 읽기를 멈췄대요. 소설을 듣던 사람들이 다음 내용이 궁금해 돈을 던져 주면 다시 읽기 시작했다고 해요.

여러분도 집에 재밌는 책이나 관심 있는 책을 골라 읽는 연습을 충분히 해 보세요. 그리고 책의 내용을 가족에게 이야기해 주는 거예요. 전기수처럼 재밌게 읽어 주려면 추가 설명을 덧붙이면 좋겠죠?

● **프로그래머 되어 용돈 벌기**

게임을 좋아한다면 코딩을 활용해 게임을 직접 만들어서 가족에게 판매하거나 사용료를 받는 방법도 있답니다. 초등학생이 코딩을 무료로 배우거나 코딩으로 직접 게임을 만들 수 있는 사이트를 추천할 테니 도전해 보세요.

- **스크래치** ▶ scratch.mit.edu
- **코드** ▶ code.org
- **엔트리** ▶ playentry.org

이 외에도 여러분의 관심사와 재능과 연결해 직업 체험을 다양하게 시도해 보세요. 집에서 다양한 직업을 체험하면 더 확실하게 여러분의 꿈을 찾는 기회가 될 거예요.

보물찾기 활동

집에서도 다양한 방법으로 용돈을 벌 수 있는데요, 여러분이 어떤 집안일을 할 수 있을지, 나의 재능과 연관된 용돈 벌이는 무엇이 있을지 적고, 금액도 생각해 보세요. 용돈을 주는 사람은 부모님이니 부모님과 상의해야 해요. 부모님과 상의해 용돈 최종 금액까지 결정해 보세요.

예시

용돈 목록표

번호	활동	횟수	제안 금액	최종 금액
1	신발 정리	주 2회	500원	300원
2	빨래 널기	주 1회	500원	400원
3	청소기로 청소하기	주 1회	700원	500원
4	실내화 빨기	주 1회	700원	500원
5	선생님 되어 용돈 벌기 (수학, 영어, 국어)	주 2회	1,000원	1,000원
6	낭독가 되어 용돈 벌기	2주 1회	500원	500원
7	작가 되어 용돈 벌기 (역사 책 만들기)	2개월	2,000원	3,000원

용돈 목록표

번호	활동	횟수	제안 금액	최종 금액
1				
2				
3				
4				
5				
6				
7				
8				
9				
10				

★ 활동을 다 했으면 여기에 표시하고, 보물 지도에도 표시하세요. ☐

용돈 받기 전에
꼭 해야 할 일 다섯 가지

    부모님께 용돈을 받거나 홈 알바를 시작하기 전에 꼭 해야 할 일 다섯 가지가 있어요.

① 부모님이 주시는 용돈의 사용처 정하기

    매주 혹은 2주에 한 번 용돈을 주시는 부모님이 계실 텐데요, 용돈을 주시는 이유는 부모님이 사 주셔야 할 물건을 여러분이 직접 사고, 남은 돈은 관리해 볼 수 있게 기회를 주시는 거예요. 예를 들어 여러분이 공책이나 연필, 간식을 직접 사 보는 것이죠. 용돈 금액과 용돈의 사용처를 부모님과 함께 정해 보세요.

② 용돈 벌어서 사용할 곳 정하기

    부모님이 주시는 용돈뿐만 아니라 여러분이 홈 알바로 번 돈도 어떻게 사용할지 생각해 보세요. 관심 있는 체험이나 가지고 싶은 물건의 금액을 목표로 세우고 홈 알바를 시작해도 되겠죠?

③ 할 일 완료 후에 용돈 벌기

학교 숙제와 학원 숙제가 잔뜩 쌓여 있는데, 용돈 벌겠다고 해야 할 일을 미루면 안 되겠죠? 우선 여러분이 해야 할 일은 모두 완료하고 나서 용돈 벌이를 해야 합니다.

④ 마땅히 할 일은 집안일 목록에서 제외하기

집안일로 용돈을 벌 때 여러분이 마땅히 해야 할 일은 집안일 목록에 넣으면 안 돼요. 예를 들어 방 정리, 숙제하기, 식사할 때 수저 놓기 등 여러분 스스로 해야 할 일을 용돈 벌이 목록으로 넣으면 안 됩니다.

⑤ 용돈 받을 주기 정하기

부모님이 일하시면 매일 돈을 받는 게 아니라, 한 달 동안 일하시고 매달 일정한 날짜에 월급을 받아요. 여러분도 집안일을 하거나 재능 알바를 했다고 바로 용돈을 받는 게 아니에요. '일주일에 한 번' 혹은 '2주에 한 번'과 같이 주기를 정해서 받아야 해요. 부모님과 상의해서 주기를 정해 보세요.

중요한 내용을 약속할 때 '계약서'라는 문서를 쓰는데요, 용돈 벌이를 시작하기 전에 부모님과 약속한 내용을 용돈 계약서에 작성하고 시작하세요. 그래야 약속한 내용이 헷갈리거나 약속을 어기는 일이 없을 테니까요. 부모님과 상의해서 용돈 계약서를 작성하세요.

용돈 계약서

이 계약은 부모 _____ 와 자녀 _____ 의 용돈 지급과 홈 알바에 관한 계약이다.

1. 용돈 _____ 원을 매주 _____ 요일 / 매달 _____ 일에 한 번씩 지급한다.
2. 부모가 준 용돈에는 _____ 구매 비용이 포함되어 있다.
  (예: 공책, 연필, 지우개, 아이스크림 등)
3. 집에서 할 수 있는 홈 알바는 그날 할 일을 모두 마친 후 할 수 있다. 만약 해야 할 일을 미루고 홈 알바를 한다면 용돈을 지급하지 않는다.

4. 부모와 자녀가 최종 결정한 홈 알바 목록은 아래와 같다.

번호	활동	횟수	최종 금액
1			
2			
3			
4			
5			
6			
7			

5. 홈 알바를 하면 부모가 먼저 알바비 영수증을 발급하고, 매주 _____ 요일 / 매달 _____ 일에 자녀의 정산서를 검토한 후 정산한다.

6. 위 내용의 변경을 원할 경우 상의해 수정할 수 있다.

_____년 _____월 _____일

부모 이름: _____ 사인: _____

자녀 이름: _____ 사인: _____

홈 알바 정산서

자녀가 용돈을 지급하기로 한 날짜에 정산서를 작성하고 홈 알바 영수증과 함께 부모님께 제출하면 용돈을 받을 수 있다.

번호	날짜	활동	금액
1	___월 ___일		원
2			원
3			원
4			원
5			원
6			원
7			원
8			원
9			원
10			원
	총 금액		원

홈 알바 영수증

자녀가 홈 알바를 하면 부모님이 영수증을 발급해준다. (자녀는 홈 알바 영수증이 없으면 용돈을 받을 수 없으니 잘 보관해야 한다.)

홈 알바 영수증	홈 알바 영수증	홈 알바 영수증	홈 알바 영수증
날짜: 활동: 금액: 사인:	날짜: 활동: 금액: 사인:	날짜: 활동: 금액: 사인:	날짜: 활동: 금액: 사인:
홈 알바 영수증	**홈 알바 영수증**	**홈 알바 영수증**	**홈 알바 영수증**
날짜: 활동: 금액: 사인:	날짜: 활동: 금액: 사인:	날짜: 활동: 금액: 사인:	날짜: 활동: 금액: 사인:
홈 알바 영수증	**홈 알바 영수증**	**홈 알바 영수증**	**홈 알바 영수증**
날짜: 활동: 금액: 사인:	날짜: 활동: 금액: 사인:	날짜: 활동: 금액: 사인:	날짜: 활동: 금액: 사인:

★ 활동을 다 했으면 여기에 표시하고, 보물 지도에도 표시하세요. ☐

저도 나가서 돈 벌고 싶어요

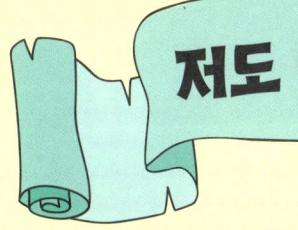
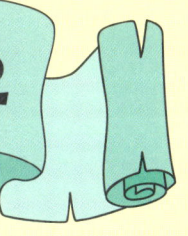

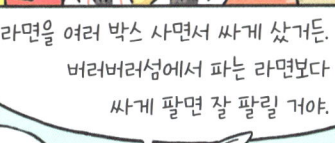

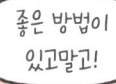

물건 판매해서 용돈 벌기

세계적인 부자인 워런 버핏은 "직접 돈 버는 것이 아주 중요하다"라고 강조했어요. 워런 버핏은 6살 때 콜라를 25센트에 사서 30센트에 팔아 돈을 벌었다고 해요. 일찍 경제 활동을 하면서 돈의 소중함을 깨닫게 된 것이죠.

여러분도 직접 돈 버는 일을 해 보고 싶은가요? 그렇다면 직접 물건을 판매해 보면 어떨까요? 뭔가를 팔아서 돈을 버는 방법은 몇 가지가 있어요. 이제부터 하나씩 알려 줄게요.

① 벼룩시장에서 판매하기 3단계

학교, 아파트, 도서관 등에서 열리는 벼룩시장에서 판매해 보세요. 벼룩시장에서는 보통 집에서 잘 사용하지 않는 물건을 가져와서 팔아요. 잘 팔리면 좋지만, 잘 팔리지 않을 수도 있어요. 그러면 벼룩시장을 어떻게 준비해야 할까요?

● 1단계: 판매할 물건 정리하기

집에 있는 물건 중 사용하지 않는 새 제품이나, 중고지만 쓸 만한 물건을 찾아보세요. 그리고 친구들이 좋아할 만한 물건과 그렇지 않은 물건으로 나누세요.

● 2단계: 판매할 물건 구매하기

친구들에게 인기 있을 만한 물건이나 판매할 물건이 없다면, 구매해서 판매하는 방법도 있어요. 친구들이 좋아할 만한 장난감은 장난감 도매 시장에서 사거나, 인터넷에서 여러 개 구입한다면 저렴하게 구매할 수 있어요.

● 3단계: 가격 매기기

벼룩시장이 열리는 이날만큼은 여러분이 사장님이 되는 것이니, 상점 이름을 정해서 간판도 만들어 보세요. 그리고 친구들에게 인기 있을 만한 물건은 가격을 높게, 그렇지 않은 물건은 가격을 조금 낮춰서 매겨요. 또 잘 안 팔릴 것 같은 물건은 묶어서 판매하거나, 물건을 2개 사면 서비스로 줄 때 활용해요. 가격을 다 정했으면 메뉴판도 만들어 보세요.

가격은 벼룩시장에서 나온 물건들을 보고 조정해야 할 수도 있어요. 내가 가져온 물건을 다른 친구들이 훨씬 싸게 판다든지, 내가 가져온 물건을 다른 친구들도 많이 가져왔다면 아무래도 잘 안 팔리겠죠? 그때는 가격을 좀 낮춰야 팔린답니다.

② 온라인으로 중고 물건 판매하기 3단계

중고 물건은 벼룩시장뿐만 아니라 온라인에서도 판매할 수 있어요. 그런데 온라인 판매는 부모님의 도움이 필요해요. 판매할 물건을 휴대폰이나 컴퓨터로 중고 사이트에 올려야 하기 때문이에요.

- **1단계: 사진 찍기와 상품 설명하기**

구매자가 물건을 사진으로 잘 확인할 수 있도록 최대한 여러 장 찍고, 집에 깔끔한 촬영 소품이 있다면 활용해서 물건이 더 돋보일 수 있도록 촬영하세요. 같은 물건이라도 사진을 어떻게 찍느냐에 따라 달라 보이거든요. 그리고 제품 설명은 최대한 자세히 올리고, 물건에 흠이 있다면 그런 부분도 설명해야 해요. 안 그러면 구매자가 물건을 받아 보고, 환불을 요청할 수도 있거든요.

- **2단계: 가격 매기기**

온라인에서 판매하는 물건은 대략적인 가격대를 알 수 있어요. 동일한 물건의 가격을 확인해 보고, 상태가 비슷한 물건의 가격대로 올려 보세요. 빨리 판매하고 싶다면 가격을 조금 낮게 올리는 게 좋아요.

● **3단계: 물건 배송 및 직접 거래하기**

중고 물건 판매는 가격을 매기고 온라인에 올리는 것만으로 끝나는 게 아니에요. 구매자와 가격을 흥정하고 물건을 전달해야 판매가 완료되죠. 요즘에는 직접 만나 거래하는 경우가 많은데요, 초등학생이라 직거래가 어렵다면 부모님께 도움을 요청해 보세요. 구매자와 거리가 멀어서 직거래가 어렵거나, 택배로 거래하기를 원하는 구매자라면, 편의점 택배나 택배 앱을 이용해 물건을 보내면 된답니다.

③ 빈병 보증금 돌려받기

집에 있는 중고 물건뿐만 아니라 다 마신 음료수병이나 맥주병도 판매할 수 있어요. 70원에서 350원까지 빈병 보증금을 돌려받을 수 있답니다. 집에 쌓아 둔 빈병을 깨끗이 씻어서 가까운 슈퍼마켓, 대형 마트, 편의점에 가져가면 환불받을 수 있어요.

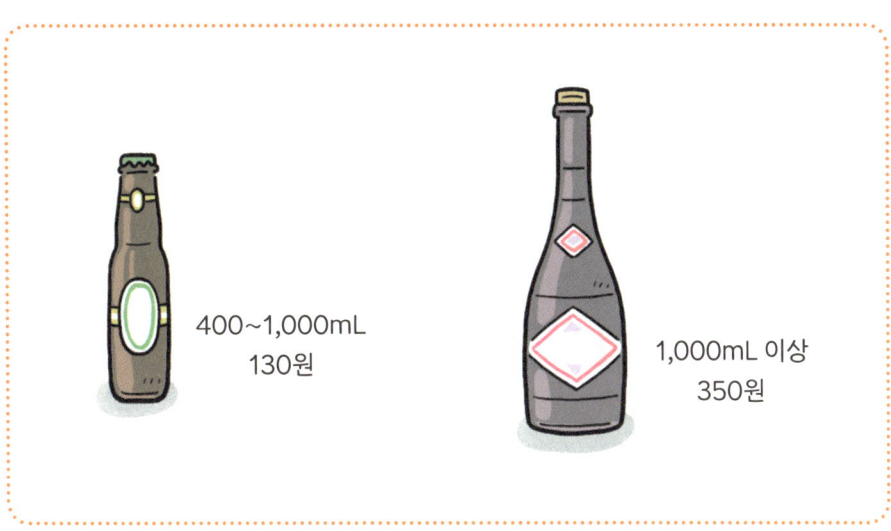

부모님의 도움을 받아 집에 있는 중고 물건을 온라인에서 판매해 보세요.

1. 판매할 물건을 찾으세요.
   - 새 제품인데 여러 개 있거나 사용하지 않는 물건
   - 더 이상 가지고 놀지 않는 장난감
   - 작아진 신발과 옷
   - 잘 읽지 않는 책

2. 판매할 물건 목록을 정리하고, 중고 사이트에서 판매하고 있는 가격을 적으세요. 여러분은 얼마에 판매할지도 결정하세요.

번호	판매할 물건	중고 사이트 가격	나의 판매 가격
1			
2			
3			
4			

5		
6		
7		
8		
9		
10		

3. 판매할 제품의 사진을 촬영하고, 제품 설명도 자세히 올리세요.

4. 중고 물건을 판매해서 번 돈을 어디에 사용할지도 적으세요.

☐ 저축   ☐ 사고 싶은 물건   ☐ 하고 싶은 체험

☐ 어려운 이웃 돕기   ☐ 기타: _____

5. 총 판매 금액 _____ 원

★ 활동을 다 했으면 여기에 표시하고, 보물 지도에도 표시하세요. ☐

용돈도 벌고
상도 받는 방법

용돈도 벌고 상도 받는 방법이 있다면 어떨까요? 정말 좋을 것 같다고요?

네, 그렇게 할 수 있는 방법이 있답니다. 바로 각종 대회에 참가하는 거예요. 그림 그리기, 시 쓰기, 영상 찍기, 이름 짓기, 독후감 쓰기 등 여러분이 도전할 수 있는 다양한 대회가 있답니다. 그런데 이런 대회는 어디서 찾아볼 수 있을까요? 이번 방법도 부모님과 힘을 합쳐야 해요.

① 참가할 대회 찾아보기

우선 휴대폰이나 컴퓨터로 인터넷 검색창에 '공모전'을 검색해 보세요. 그러면 이런저런 대회를 모아 둔 공모전 사이트가 검색됩니다. 대표적인 두 가지 사이트를 소개할게요.

● 위비티

▶ wevity.com

사이트에 접속해서 '응시대상자'는 '어린이'를, '전체 공모전'은 '접수 중'을 선택하면 현재 참가할 수 있는 대회가 검색됩니다.

● 씽굿

▶ thinkcontest.com

사이트에 접속해 '공모전' 항목에서 '응모대상'을 '어린이' 또는 '초등학생'으로 선택하면 현재 참가할 수 있는 대회가 검색됩니다.

② **참가할** 대회 고르기

관심 있는 대회를 우선 고르고, 대회 상세 내용과 마감 기한을 고려해 참가할 수 있는 대회를 다시 추려 보세요. 최종 선택한 대회를 잘 정리해 보세요.

3 부모님과 나눌 상금 미리 상의하기

만약 대회에서 수상하면 이 대회를 위해 검색하고, 준비물 사고, 완성품을 우편으로 보내는 등 여러모로 도움을 주신 부모님께 상금 일부를 드려야겠죠?

이렇게 생각해 보면 어떨까요? 여러분이 참가할 대회를 이끌어 가는 사장이고, 부모님이 직원인 거예요. 언니나 형, 동생이 도와줬다면 직원이 늘어나겠네요. 그렇다면 직원에게 일한 대가를 줘야겠죠? 직원이 얼마나 도와줄 수 있는지 생각해 보고 직원에게 줄 상금을 미리 상의하세요.

여러분, 잊지 마세요! 상금을 받지 못하더라도 실망하지 않기로 약속해요. 여러분의 도전 그 자체가 이미 어떤 상금보다 값진 보석이니까요. 이런 경험이 쌓여 여러분의 실력이 올라가고, 이 실력이 쌓이고 쌓여 나중에 더 많은 돈을 벌 수 있을 테니까요.

대회에 참가해 상장과 상금을 받으면 좋겠지만, 전국에서 1명만 뽑는 대회가 많기 때문에 상금이 클수록 뽑히기 어렵답니다. 대신 한 가지 비밀을 알려 줄게요. 널리 알려진 대회보다 처음 개최하거나 개최 횟수가 얼마 안 된 대회에 도전하면 수상할 확률이 높아진답니다.

자신이 참가할 수 있는 대회가 있는지 찾아보고, 상을 받는다면 상금을 어떻게 사용할지도 한번 생각해 보세요.

1. 참가할 대회 목록

번호	대회명	마감 기한	상금	제출 방식	발표일
1				이메일	___월 ___일
2				우편	
3					
4					
5					
6					
7					

8				
9				
10				

2. 직원(부모님, 형제, 자매)에게 줄 금액

총 상금: _____ 원   나: _____ 원

부모님: _____ 원   _____ : _____ 원

(대회마다 다르게 정할 수 있어요.)

3. 상금을 사용할 곳

☐ 저축   ☐ 사고 싶은 물건   ☐ 하고 싶은 체험

☐ 어려운 이웃 돕기   ☐ 기타: _____

4. 수상한 대회

대회명: _____   상금: _____

★ 활동을 다 했으면 여기에 표시하고, 보물 지도에도 표시하세요. ☐

지금부터 재산을 만들 수 있나요?

좋은 습관이 재산이라고요?

　세계 부자로 손꼽히는 빌 게이츠는 "좋은 습관은 재산이다"라고 했어요. 좋은 습관이 있으면 평생 그 습관의 도움을 많이 받을 거라는 말이죠. 그만큼 습관이 아주 중요하답니다. 여러분은 어떤 습관이 있나요?

　우리의 뇌는 자주 반복되는 일에는 많은 에너지를 쓰지 않아요. 알아서 자동으로 처리할 수 있게 습관으로 만들어요. 예를 들어 우리가 아침에 일어나자마자 '양치해야지'라는 생각을 하기도 전에 이미 우리 몸은 화장실에 가 있는 것처럼 말이죠.

　그런데 이런 습관이 하나둘 쌓여 우리 삶을 만들어요. 습관이 별것 아니라고 생각할 수 있지만, 매일 쌓이면 삶에 큰 변화를 준답니다.

　그렇다면 좋은 습관을 만들려면 어떻게 해야 할까요?

1 습관은 가볍게 시작하세요

'오늘부터 매일 책을 1시간씩 읽을 거야'라고 다짐하고 책 읽기를 시작하는데요, '작심삼일'이라는 말이 있죠? 단단히 먹은 마음이 3일밖에 가지 못한다는 말이에요. 보통 하루, 이틀은 실천하는데, 점점 시간이 지나면서 온갖 핑곗거리가 생각납니다. 왜냐하면 습관을 실천하기에는 처음부터 너무 큰 목표를 잡았으니까요.

이렇게 목표를 잡아 보면 어떨까요? '하루에 책 3장 읽기'처럼 가볍게 시작하는 것이죠. 그렇게 해서 책 읽는 게 재밌다면 3장이 아니라 30장 읽는 날도 있을 거예요. 아주 작고 사소하게 시작해서 점점 더 그 범위를 넓혀 가면 된답니다.

② 눈에 잘 보이는 곳에 습관을 적어 두세요

습관이 된 후에는 많은 생각을 하지 않아도 쉽게 실천할 수 있어요. 하지만 습관을 들이기까지는 노력이 필요해요. 매일 책 읽기를 습관으로 잡았지만 잊어버리는 날도 있고, 하루, 이틀 안 하다 보면 하기 싫어지기도 해요. 그래서 거실이나 책상 등 눈에 잘 띄는 곳에 만들고 싶은 습관을 적어 두는 거예요. 보이면 생각나고 한 번이라도 더 실천하게 되거든요.

❶ 나의 습관을 돌아볼 텐데요, 예시의 좋은 습관을 보고, 나에게 해당되는 습관에 ✓ 표시를 하세요. 추가로 나의 좋은 습관이 더 있다면 적어 보세요.

나는 이런 좋은 습관이 있어요

나에게 해당되는 습관에 ✓ 표시하기	나의 또 다른 좋은 습관
☐ 아침에 일찍 일어나요.	•
☐ 밤에 일찍 자요.	•
☐ 스스로 준비물을 챙겨요.	•
☐ 스스로 숙제를 해요.	•
☐ 책을 매일 읽어요.	•
☐ 규칙적으로 운동해요.	•
☐ 스스로 방 정리를 해요.	•
☐ 장난감 정리를 잘해요.	•
☐ 입은 옷은 빨래통에 넣어요.	•
☐ 먹은 그릇은 설거지통에 넣어요.	•

❷ 이번에는 나에게 해당되는 안 좋은 습관에 ✓ 표시하고, 추가로 나의 안 좋은 습관을 적어 보세요.

나는 이런 안 좋은 습관을 버리고 싶어요	
나에게 해당되는 습관에 ✓ 표시하기	나의 또 다른 안 좋은 습관
☐ 밤에 늦게 자요. ☐ 지각을 자주 해요. ☐ 야채를 안 먹어요. ☐ 간식을 많이 먹어요. ☐ 숙제는 최대한 미뤄요. ☐ 운동을 안 해요. ☐ 방 정리를 안 해요. ☐ 게임을 많이 해요. ☐ 안 좋은 말을 자주 써요. ☐ 용돈을 금방 다 써 버려요.	• • • • • • • • • •

★ 활동을 다 했으면 여기에 표시하고, 보물 지도에도 표시하세요. ☐

부자들이
매일 하는 습관

　어떤 습관을 유지하느냐에 따라 부자가 되기도 하고, 가난한 사람이 되기도 합니다. 우리도 부자들의 습관을 따라 하면 좋겠죠? 부자들이 돈보다 더 중요하게 생각하는 습관이 있다는데, 하나씩 살펴볼까요?

① 독서 습관

　부자 10명 중 9명은 하루에 30분 이상 책을 읽을 만큼 책 읽기를 좋아한다고 합니다. '컴퓨터의 황제'라 불리는 빌 게이츠, '투자의 신'이라 불리는 워런 버핏 등 세계 부자들은 독서광이에요. 독서광이란, 책을 무지 많이 읽는 사람을 말해요.

　빌 게이츠는 "오늘의 나를 있게 한 것은 우리 마을 도서관이었다. 하버드대학교 졸업장보다 소중한 것은 독서하는 습관이다"라

며 독서가 얼마나 중요한지 강조했어요.

세계 부자들은 왜 책을 많이 읽을까요? 책에서 얻은 지식을 자신이 하려는 일에 적용하고, 다양한 지식을 활용해 새로운 것을 창조하기 위해서예요. 책에서 배운 지식을 활용해 자신이 운영하는 사업을 키우거나, 투자를 해서 돈을 불리는 것이죠. 그래서 세계 부자들은 책을 손에서 놓지 않는다고 해요.

② 기록 습관

부자는 대부분 매일 할 일을 적어 두고, 목표를 기록한다고 합니다. 평소 떠오르는 생각을 그때그때 기록해 둔다는 빌 게이츠뿐만 아니라 역사적인 인물인 아인슈타인, 링컨, 에디슨 등도 유명한 메모광이었어요.

일본에서 가장 성공한 기업인으로 손꼽히는 손정의 회장은 세계적인 부자 중 한 사람인데요, 대학 시절 손정의는 '아이디어 뱅크'라는 발명 수첩을 만들어서 아이디어가 떠오를 때마다 꼼꼼히 기록했어요. 그 수첩에는 250개 이상의 발명품이 자세히 기록되어 있다고 해요. 이렇게 기록한 아이디어를 가지고 휴대용 전자음성 번역기를 세계 최초로 발명하게 되었답니다. 그때부터 손정의 회장은 항상 필기구와 수첩을 가지고 다니며 기록한다고 해요.

여러분이 지금 할 수 있는 기록 습관은 어떤 게 있을까요? 오늘 할 일을 적거나 일기를 쓰는 건 여러분도 할 수 있겠죠? 작은 기록 습관부터 시작해 봐요.

③ 건강관리 습관

건강관리는 어른이 되었을 때 해야 하는 게 아니냐고요? 아니에요. 지금의 습관이 어른이 되어서도 유지되기 때문에 안 좋은 습관이 있다면 어릴 때 바로잡는 게 좋아요. 만약 매일 아이스크림이나 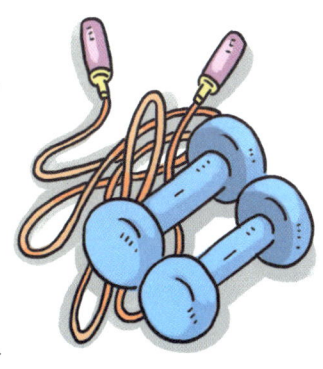 과자, 사탕같이 단것들을 자주 먹는다면 몸에 안 좋겠죠? 지금처럼 쭉 먹는다면 커서도 이 식습관은 바꾸기 쉽지 않을 거예요. 그러니 안 좋은 습관은 지금 바로잡아야 해요.

그리고 부자들은 일주일에 네 번 이상 운동한다고 해요. 여러분은 어떤 운동을 하고 있나요? 축구, 태권도, 수영을 배우거나, 걷기, 줄넘기 등을 할 수 있겠죠?

④ 정리 습관

정리를 잘하는 어린이가 공부를 잘한다고 해요. 아무래도 깨끗한 환경에서 집중도 잘될 테니까요. 책상을 정

리하는 것뿐만 아니라 배운 것을 머릿속에 잘 정리해야 잘 꺼내 쓸 수 있어요. 그래서 성적이 좋은 어린이는 공책도, 공부방도, 준비물도 잘 정리한다고 해요.

성공한 사람 중에는 아침에 일어나자마자 이불 정리를 하는 사람이 많다고 하는데요, 이불 정리는 2분도 걸리지 않을 정도로 금방 할 수 있는 일이죠? 아침에 일어나자마자 이불 정리를 하면, 사소한 일이지만 매일 성취감을 느낄 수 있어요. 집에 돌아왔을 때 깔끔한 방을 보면 기분도 좋고요. 선장님도 이불 정리하는 습관을 들였더니 아침부터 기분이 좋아지더라고요.

보물찾기 활동

부자들의 습관을 보면서 따라 하고 싶은 습관이 생겼나요? 혹은 좋은 습관을 만들고 싶은가요? 새로운 습관을 만들려면 최소 21일을 계속해야 뇌에 습관으로 기억된다고 해요. 그러니 습관 달력에 목표 습관을 적어 21일 동안 실천해 보세요. 아주 쉽게 시작할 수 있는 목표로 잡는 것, 잊지 마세요! 그리고 매일 실천한 후에는 ○, 실천하지 못했으면 ✕ 표시를 하세요. 21일 연속으로 실천할 수 있도록 노력해 봐요. 그리고 습관 달력은 눈에 잘 보이는 곳에 붙여 두세요.

_____월 습관 달력

예시

목표 습관	월	화	수	목	금	토	일
하루에 책 1장 읽기	○	○	✕				

목표 습관	월	화	수	목	금	토	일

목표 습관	월	화	수	목	금	토	일

목표 습관	월	화	수	목	금	토	일

목표 습관	월	화	수	목	금	토	일

목표 습관	월	화	수	목	금	토	일

목표 습관	월	화	수	목	금	토	일

목표 습관	월	화	수	목	금	토	일

★ 활동을 다 했으면 여기에 표시하고, 보물 지도에도 표시하세요. ☐

부모님 가이드

아이가 목표를 세우는 것과 세우지 않는 것은 새로운 길을 찾아가는 데 내비게이션이 있고 없고의 차이와도 같습니다. 아이가 헤매지 않으려면, 혹은 힘든 일도 이겨 내려면 목표가 반드시 있어야 합니다. 용돈을 무작정 모으게 하면 아이도 어느 순간 왜 모아야 하는지 모르고, 용돈 벌이도 꾸준히 하기 어려워집니다. 그래서 우선 '꿈 보물 지도'라는 큰 목표를 부모님과 상의해서 함께 만들라고 한 것입니다.

용돈 벌기와 관련해 유의할 점과 용돈 교육 가이드를 드릴게요.

🪙 아이가 용돈을 벌 때 부모님 유의 사항

● **홈 알바를 할 때 꾸지람보다는 격려해 주기**

아이가 용돈을 벌려고 구두도 닦고, 청소도 할 텐데요, 만약 부모님의 성에 차지 않고 잘 못하더라도 나무라면 안 됩니다. 용돈을 벌려고 노동을 체험하는 게 중요하기 때문입니다. 그리고 처음에는 잘 못해도 하다 보면 점점 잘하게 될 거예요.

● **홈 알바 금액을 정할 때 실제 비용보다 적게 책정하기**

집안일을 할 때 실제 비용보다는 용돈을 적게 책정해야 합니다. 예를 들어 구둣방에 맡길 때 4,000원이 든다면, 아이가 집에서 구두를 닦을 때는 그보다 적은 금액으로 책정하는 것이죠. 아이는 아직 전문가가 아니니까요.

● **기본 용돈은 최소한으로 주기**

용돈은 아이가 학용품과 간식 등을 살 수 있는 최소한의 비용만 주세요. 빌 게이츠가 자녀의 경제 교육을 할 때도 용돈을 넉넉하게 주지 않고 집안일을 시키며 스스로 용돈을 벌게 했다고 합니다.

돈은 누구도 그냥 주지 않습니다. 아이도 집안일이든, 빈병 보증금 돌려받기든, 스스로 일을 해서 돈을 벌 수 있도록 해야 합니다. 부모님이 용돈을 넉넉히 주면 아이는 스스로 일을 하려 하지 않을 겁니다.

 용돈 교육 가이드

● **어른들에게 받는 용돈**

할머니, 할아버지나 친척들을 만나면 아이는 용돈을 받곤 합니다. 용돈의 규모는 작게는 10,000원에서 100,000원 단위로도 받을 수 있습니다. 스스로 버는 용돈의 규모는 100원 단위에서 1,000원 단위인데, 아이가 이렇게 큰 금액을 받으면 용돈을 벌려는 동기가 꺾일 수 있습니다. 그래서 어른들에게 받는 용돈은 아이의 꿈을 이루는 데 사용하기 위해 통장에 넣어 둔다고 이야기해야 합니다. 나중에 대학 등록금으로 사용한다든지, 아이가 꿈과 관련해 방문하고 싶은 곳이 해외라면 큰 비용이 드니 그 비용을 위해 모아 둔다든지 등 구체적으로 설명해 주면 좋습니다.

● **일터 경험**

아이가 용돈을 벌 때 가장 좋은 방법은 직접 '일'을 경험해 보는 것입니다. 만약 부모님이 가게를 운영한다면 가게의 바닥 청소나 물건 정리 등을 하게 하는 것이죠. 저는 어린이 대상으로 강의를 하면 아들을 데리고 가서 보조 강사로 채용해 알바비를 줍니다. 만약 부모님이 회사를 다니거나 아이가 직접 경험할 수 있는 일터가 아니라면 간접적으로라도 배울 수 있도록 부모님이 어떤 일을 하시는지 최대한 구체적으로 설명해 주세요. 그리고 일을 하면서 보람을 느낄 때와 힘든 점을 이야기해 주세요.

● **특별 보너스**

좋은 습관을 만들기 위해 잘 지키면 돈을 주고, 지키지 못하면 벌금을 내게 하는 경우가 있는데요, 벌금 제도는 아이에게 안 좋은 인상을 심을 수 있기 때문에 지양해 주세요. 또 습관을 들인다고 돈을 바로 주면, 아이는 보상이 없으면 그 습관을 실천하지 않을 수 있어요. 아이에게 보상을 바로 지급하지 마시고, 21일이나 한 달의 기간을 아이와 정하고 이를 달성했을 때 특별 보너스를 주는 겁니다.

그리고 결과보다는 과정을 칭찬해 주세요. 특별 보너스는 정기적인 게 아니라 이벤트로 만들어 주시고, 물건을 사 주기보다 뮤지컬을 본다든지 뭔가 배울 수 있는 경험을 하게 해 주세요.

자녀에게 경제 교육을 할 때 가장 중요한 부분이 용돈 교육입니다. 돈을 직접 벌어 봐야 노동의 가치를 깨닫게 됩니다. 요즘은 여러 방법으로 돈을 벌 수 있는 시대입니다. 직접 일을 해 봐야 나중에 커서 잘못

된 방법으로 돈을 벌려고 하지 않고 헛된 욕심을 품지 않게 됩니다.

자녀들에게 경제 교육을 하는 목적은 학창 시절 돈을 많이 벌게 하는 게 아닙니다. 아이가 돈을 어떻게 버는지 여러 방법을 시도해 보고 성공과 실패를 통해 배우는 게 중요합니다. 가정이라는 테두리 안에서 경험하는 실패에는 쉽게 일어설 수 있습니다. 또 부모님이 보호해 주기도 하고요.

마지막으로 자녀와 경제 독립 시기도 미리 이야기해 보세요. 아이 명의의 통장이나 그 외 자산이 있다면 아이에게 이야기하고, 언제부터 아이가 직접 이 돈을 관리할지, 언제까지 부모님이 금전적으로 지원해 줄지에 관해 자주 대화를 나누면 좋습니다.

초판 1쇄 발행 2023년 9월 13일

글 민선(에코마마) 그림 김이주 감수 박정호
브랜드 온더페이지
출판 총괄 안대현
책임편집 김효주
편집 정은솔, 이제호
마케팅 김윤성
디자인 윤지은

발행인 김의현
발행처 (주)사이다경제
출판등록 제2021-000224호(2021년 7월 8일)
주소 서울특별시 강남구 테헤란로33길 13-3, 2층(역삼동)
홈페이지 cidermics.com
이메일 gyeongiloumbooks@gmail.com (출간 문의)
전화 02-2088-1804 **팩스** 02-2088-5813
종이 다올페이퍼 **인쇄** 재영피앤비
ISBN 979-11-92445-46-5 (73320)

- 책값은 뒤표지에 있습니다.
- 잘못된 책이나 파손된 책은 구입하신 서점에서 교환해 드립니다.
- 이 책은 저작권법에 의하여 보호를 받는 저작물이므로 무단 전재와 복제를 금합니다.
- 종이에 손이 베이지 않도록 주의하세요.